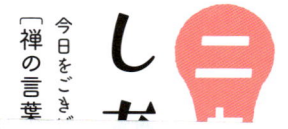
今日をごき
[禅の言葉

し
た

JN197647

はじめに

仕事や家事、勉強など、毎日忙しく過ごしていると、知らないうちに心にホコリがたまってしまいます。疲れが取れなかったり、やる気が出なくなってしまって、毎日を楽しむ余裕もなくなります。

そんな時は、少し立ち止まって深呼吸したり、ゆっくりお茶や食事を味わってみましょう。日常のちょっとしたことを丁寧にするだけでも、ずいぶん心が穏やかになります。そうした知恵を大切にしているのが、何百年も前から続いている禅です。本書では、毎日を穏やかにする禅語や禅の教えをわかりやすく紹介しています。

この本を通じて、あなたが今日一日、ごきげんに過ごせますように。

🐾 1 Love

3 Change

4 Life

chapter 1

Love

お茶でもしない？

喫茶去

きっさこ

　一杯のお茶を差し出すだけで、場の空気がほわんと和みます。仕事や家事を頑張っている人には「おつかれさま」、遠いところから来てくれた人には「来てくれてありがとう。ゆっくりくつろいでね」という気持ちを伝えることができます。好きな人と「おいしいね」と言いながら味わうお茶は、格別の味に。初対面の人とでも、あたたかなお茶があればほっと気持ちが和らいで、会話がふくらみます。そしてもし、ちょっと苦手だなと思う人がいたら、そっとお茶を出してあげましょう。「お茶をどうぞ」の一言が、相手への思いやりを伝え、お互いの距離を縮めます。

たまには丁寧にお茶をいれてみましょう。お湯を沸かし、茶葉に注いで、少し待つ。ペットボトルのお茶を買うより手間や時間はかかりますが、ふんわり広がるお茶の香りに心が安らぎます。

🐾 Love

やぁ！

挨拶

あいさつ

「おはようございます」「こんにちは」「さようなら」…あなたは今日、どんな挨拶をしましたか？　覚えていないくらい無意識にしている挨拶ですが、本来はお互いの心身の状態を伝えて人間関係をつくる、積極的な行動なのです。そもそも挨拶とは、「挨」が押す、「拶」が迫ることを意味し、禅僧が禅問答をしてお互いの力量を測ること。元気いっぱいに挨拶するか、暗くぼそぼそと挨拶するかで、周囲に与える印象が変わり、その後の人間関係にも影響を及ぼします。挨拶は自分から、積極的に。その姿勢が、あなたと周りの人の心をつなぎ、大切な絆を生み出してくれます。

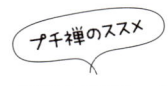

プチ禅のススメ

挨拶する時は、相手をしっかり見て「おはようございます」と言い、その後に丁寧に頭を下げましょう。「語先後礼」というこの作法を大切にすれば、あなたの誠意や心の美しさが際立ちます。

 Love

ありのままが素敵

李花白桃花紅

りかはしろく　とうかはくれないなり

李（すもも）の花は白色、桃の花は紅色。それが自然で、他の色に変わることはありません。そして、そんな当たり前の色こそ美しく、見ている人の心を和ませます。

「自分を変えよう」と努力することは大切ですが、無理して別のものになろうとする必要はありません。そんな努力は、あなたが本来持っている魅力や個性、長所を押しつぶしてしまいます。もしそんな心境に陥っていたら、あなたはあなたのままでいいのだということを思い出して。花の色がそれぞれで美しいように、あなたもそのままで十分に素敵な存在なのです。

仏教では、人は誰でも仏様の手の中にいると考えられています。いいところも悪いところも含めて、無条件で守られている。そう思えば、安心してありのままの自分でいられます。

子ども心を大切に

赤心片片

せきしんへんぺん

「赤心」とは、赤ちゃんのように純粋無垢な心のこと。この禅語は、そんな心で周りに接することの大切さを伝えています。

どんな人も、生まれた時は純粋な心を持っています。しかし大人になるにつれて、それを忘れてしまうことも。人間関係や仕事がうまくいかないと感じたら、自分の心を見つめ直してみましょう。先入観や思い込みで視野が狭くなっていないか、相手の気持ちや考えを勝手に決めつけていないか…そんな心のくもりに気づいたら、赤ちゃんのような純粋さを思い出して。無垢な自分で周りに接すれば、見慣れた風景が少しずつ変わっていくはずです。

プチ禅のススメ

茶の湯の精神には「ものを本来あるべき姿ではなく、別のものとして見る」というものがあります。まっさらな心で見れば、古くなった湯のみが花瓶になるなど、新しい活かし方が見つかります。

 Love

君 を 見 る と 和 む よ

愛 語

あいご

　心の込もった菩薩様の言葉を「愛語」といいます。優しさにあふれた言葉には、人の心を救う力があるのです。

　感謝の心や人のいいところは、言葉にして伝えましょう。その時のポイントは「具体的に伝える」こと。ただ「ありがとう」「いいね」と伝えるだけより、「いつもテキパキ仕事をしてくれて、ありがとう」「あなたの笑顔を見るとほっとする」と伝える方が言葉に愛情が込もります。具体的にほめるには、普段から相手をしっかり見ていることが大切。そんなまなざしから生まれた言葉は、深く相手の心に届き、たくさんの元気や喜びを与えるでしょう。

穏やかで優しい表情のことを「和顔（わげん）」といい、口にする言葉に一層の力を与えます。愛情あふれる言葉は、とびきりの笑顔を添えて伝えましょう。

違うものには
なれないよ

山是山水是水

やまはこれやま　みずはこれみず

　　山は山として存在し、水は水として存在しています。そして双方が合わさって、素晴らしい自然ができているのです。

　　素敵な人に出会うと、自分もそうなりたいと思うこともあるでしょう。あの人みたいにきれいだったら、お金持ちだったら、才能があったら…うらやむ気持ちは次々出てきます。

　　しかしどんなに願っても、あなたはその人にはなれません。そしてそれでいいのです。あなたはあなた、私は私。お互いの個性や違いを受け入れ、認め合うことが大切。そうすることで一人ひとりが活かされ、より豊かなものを生み出すことができるのです。

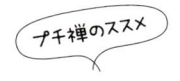

プチ禅のススメ

嫉妬にとらわれると、人のことに気を取られ、自分を見失ってしまいます。人と比べるのをやめ、自分の良さに注目することで、余計な苦しみを減らしましょう。

寝る時も、ぴったり

阿吽

あうん

「阿」は口を開けて発する「あ」の音、「吽」は口を閉じて発する「ん」の音で、物事の始まりと終わりを意味しています。吐いて吸う、自然な呼吸のことも表しています。

阿吽の呼吸とは、二人の人が呼吸を合わせて行動すること。息ぴったりに動くには、お互いのことを深く理解し、認め合うことが大切です。言葉を介さなくても相手の気持ちや考えがわかり、お互いを支え合うのに最適な行動が取れる。そんな関係を築けたら、とても心強いもの。

一人ではつくれない阿吽の呼吸を、大切な人と育てていきましょう。

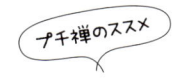

プチ禅のススメ

相手を理解するには、先入観や決めつけを捨てることが大切。柳や花の色をそのままに見ることを「柳緑花紅（やなぎはみどりはなはくれない）」といいます。相手をありのままに見れば、壁がなくなり、信頼関係が築けます。

わらわら

桃李不言下自成蹊

とうりものいわざれども　したおのずからけいをなす

　桃や李(すもも)の木は何も言わず、ただそこにあるだけです。しかしその下には、美しく咲く花や豊かな果実にひかれて、たくさんの人が集まってきます。

　人は、魅力的だと思う人のもとに自然と集まっていきます。その人が声高に自分の存在や力を主張しなくても、内に秘めた素晴らしさや人徳が多くの人を呼び寄せるのです。あなたが特別に何かをしていなくても、たくさんの人の笑顔に囲まれているのなら、それはあなたの魅力や人間性が豊かにあふれている証拠。そのことを誇りに思い、自分という存在を大切にしましょう。

人間関係を広げたいなら、まずは周りの人に親切にしてみましょう。人に尽くすことに一生懸命になれば、あなたの誠意や優しさが周りに伝わり、たくさんの縁が結ばれるでしょう。

大事なことは直球で

単刀直入

たんとうちょくにゅう

　大事なことほど、言いにくいもの。「どうしたら相手にうまく伝わるだろう」と思って言い方をあれこれ工夫したり、傷つけないように遠回しな表現をしてみたり…。相手を思えば思うほど回りくどい言い方になって、結局何も伝わらず、もやもやした空気だけが残ることもあります。

　相手のことを思うなら、大事なことは勇気を出してストレートに伝えましょう。飾らないシンプルな言葉ほど、相手の心にまっすぐ届きます。そしてそれが、お互いの絆を一層深めてくれることも。あなたの真剣さは、相手にもきっと伝わるはずです。

プチ禅のススメ

師から弟子へ、大切な教えを直接伝えることを「面授（めんじゅ）」といいます。大切な気持ちはメールや手紙ではなく、直接会って伝えましょう。誤解を生むこともなく、あなたの誠意をしっかり伝えられます。

 Love

似てるけど、違う

花枝自短長

かし　おのずからたんちょう

　一面に広がる桜並木は、どれも等しく美しいものですが、それぞれの木を見ると、枝の長さはばらばら。短いものもあれば、長いものもあります。平等の中にも違いや個性があるのです。

　周りの人に自分の意見や考えを受け入れてもらえない時、「どうしてわかってくれないの？」と怒りや悲しみがこみ上げてくることもあるでしょう。でもそれは仕方のないこと。私たちは同じ人間ですが、別々の考えや背景を持つ異なる存在だからです。わかってくれないと嘆くより、違いを認めて。そこからお互いを理解する一歩が始まります。

プチ禅のススメ

禅の庭では、一つひとつの木が最も美しく映えるように植えられ、美しい調和をつくっています。私たちもそのように、相手の長所や魅力に目を向けて活かし合い、豊かな関係を築きましょう。

 Love

お供します

把手共行

はしゅきょうこう

　家族や友人、恋人や職場の人など、ともに手を取って歩んでくれる仲間がいることは、とても心強いもの。一人では進めない道のりも、仲間の協力や励ましがあれば、勇気を持って進んでいくことができるのです。

　人生は、出会いと別れのくり返し。短い目標のために集うチームもあれば、生涯にわたって寄り添い合う関係もあるでしょう。しかし、どれもかけがえのない仲間であることに変わりはありません。ともに支え合い、進んでいけること。その道のりの喜びも悲しみも受け止めながら、一緒に歩んでいきましょう。

プチ禅のススメ

家族は最も身近な仲間です。時にけんかすることもありながら、お互いのありのままを出してくつろげる、大切な存在。日々の疲れを癒し、人生を生きる力をくれる家族との時間を大切に。

伝わる？

以心伝心

いしんでんしん

　どんなに言葉を尽くしても、気持ちや思いがうまく伝わらないことがあります。それは私たちが、言葉以上に心で人の思いや物事の本質を受け取っているからです。

　親が子を見守る、あたたかなまなざし。そこには「愛している」を百回言うより深い愛が込められています。それを受けて育った子も、親になった時に同じようなまなざしで我が子を見つめるでしょう。そうやって私たちは、大切なものを継いでゆくのです。

　大切なものは言葉では表現できず、心から心へ伝わっていくもの。そしてそれを受け取る力は、誰の中にもあるのです。

プチ禅のススメ

部屋に季節の花を飾ると、訪れた人に安らぎを与えられます。その時に「この花は…」とあれこれ説明をしないこと。言葉を介さずにもてなすことが、あなたの思いやりと懐の深さを伝えます。

 Love

白黒つけないで

両忘

りょうぼう

「あの人は好き、この人は嫌い」「これはいい、あれは悪い」…善と悪、愛と憎、美と醜、富と貧など、私たちはあらゆるものにラベルを貼って、物事を分類しています。

ですが時に、それらが苦しみを生むことも。好きなものがあるために、それを得ていない状況に不満を募らせたり、自分とは違う人の言動に怒りや悲しみを抱いてしまうこともあるのです。

そんな苦しみにとらわれてしまったら、一度立ち止まって自分の価値判断を手放してみましょう。物事に白黒つけていた時には見えなかった可能性が、そこにあるかもしれません。

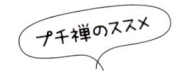

プチ禅のススメ

損得を考えて人や物事に接すると、「得した」「損した」といった感情が生まれ、余計なイライラや葛藤を生むもとに。損得感情で物事を判断せず、ありのままに受け止める心を持ちましょう。

そっちはダメって
言ったでしょ

老婆心

ろうばしん

禅師が心を尽くして修行者に指導する姿を、おばあさんが孫を大切に慈しむ姿に重ねた言葉。あたたかく手助けしてくれる存在に守られて、私たちは成長することができるのです。

誰かに親切にすることは、自分の人生経験や知恵、力をわけていくこと。目上の人ほど経験も多く、相手の状況や心境に合わせて適切な手助けができるようになるのでしょう。ですが、こうした親切やいたわりの行動は、今の自分でもできること。困っている人がいたら、自分にできることで助けてあげましょう。あなたの差し出す親切が、誰かの今日をあたためるかもしれません。

プチ禅のススメ

人は一人では生きていけません。たくさんの人の支えがあって、今日も無事に過ごせるのです。そのことに感謝し、「おかげさま」の心を持てば、たくさんの喜びを感じられます。

出 会 い は 宝 物

我逢人

がほうじん

　道元禅師が中国で、本師となる如浄禅師に出会った時に「我、人に逢うなり」と感動した言葉です。道元はこの出会いをきっかけに悟りを開きました。

　私たちは、人やものとの出会いを通じて、自分の世界を広げていきます。自分とは違う人やものに触れることで、視野が広がったり、新しい道が開かれたりするのです。その先には、自分一人だけでは得られなかった世界や喜び、感動が待っているはず。

　「あなたに会えて良かった」。そんな出会いを重ねるたびに、私たちの人生は豊かに美しくなっていくのです。

プチ禅のススメ

良縁に恵まれるには、「三業」を整えましょう。「身業（丁寧なしぐさを心がけ、人のために行動する）」「口業（愛のある言葉を使う）」「意業（偏見をなくし、柔軟な心を持つ）」の三つを大切に。

どの子も大事

天上天下唯我独尊

てんじょうてんげゆいがどくそん

お釈迦様が生まれた時に唱えたといわれるこの言葉は、「世界中のどこにも私の代わりになるものはなく、何一つ加えなくとも、この命のままに尊い」ことを教えています。

能力や富、健康、美貌…人それぞれ、持っているものは違います。それらを比べて優劣をつけたり、自分を否定してしまうこともあるでしょう。けれど私たちの価値は、そういった条件では決められないのです。生まれたばかりの赤ちゃんは、何もできません。でもそこにいるだけで素晴らしい。誰にもあったその時を思えば、かけがえのない自分を抱きしめることができるでしょう。

プチ禅のススメ

合掌は、周囲の人や仏様を表す右手と、自分を表す左手を合わせること。自分以外の存在と心を一つにし、周囲への敬意を表すのです。仏壇がなくても毎朝手を合わせれば、感謝の心が育ちます。

 Love

会えて良かった

一期一会

いちごいちえ

　「同じ人と茶会をともにしても、今日この時の茶会には二度と戻れない。この出会いは一度きりのものだから、最善を尽くしてもてなそう」という、千利休の茶道の心得を表しています。

　別れ際、私たちは当たり前に「またね」と言います。けれどその人に再び会ったとしても、もう「あの時のその人」ではないのです。どの出会いも生涯にただ一度しかなく、今ここでしか味わえないもの。そしてそれは、日々変わりゆく自分との出会いにもあてはまるのです。

　出会いの一つひとつに最善を。その時間の積み重ねが、私たちの人生の厚みになっていくのです。

プチ禅のススメ

人に料理をふるまう時は、旬の食材を六割、旬を少し過ぎた食材と、これから旬を迎える食材を二割ずつ出しましょう。過去・現在・未来の時間をともに味わうことが、最高のおもてなしになります。

　忙しい毎日を送っていると、ついインスタント食品で簡単に食事を済ませてしまったり、部屋の片付けや掃除が後回しになったりします。ストレスがたまると、周りの人への接し方や振る舞いが雑になってしまうこともあるでしょう。そうした行動を続けていくと、心も体もすさみ、周りにも悪影響を及ぼします。

　禅の世界では、「行住坐臥（ぎょうじゅうざが）」すべてが修行になります。行（活動すること）、住（立ち止まること）、坐（座ること）、臥（寝ること）といった、日常の行いすべてを通じて自分を磨いていくのです。坐禅を組むことだけが修行ではありません。

　丁寧に食事をつくること、身の周りを整理してきれいにすること、礼儀正しい言葉や所作を心がけること、規則正しい生活を送ること…特別なことをしなくても、日々のちょっとしたことに自分を磨くチャンスはたくさんあるのです。毎日をあわただしく過ごしていると感じたら、少しだけ立ち止まってみましょう。ゆっくり深呼吸して、目の前のことを丁寧にやってみる。そうして日常を大切に過ごせば、心も体も自然に整っていくのです。

chapter 2

Challenge

迷うよりやってみよう

光陰如矢

こういんやのごとし

　禅寺には木板（もくはん）という板が吊るされ、それを木槌（きづち）で叩いて時を知らせます。そこに書かれているのが「光陰如矢」。修行者に「時を惜しんで修行に励むこと」の大切さを伝えています。

　何かに迷ったり悩んだりしている間も、時は矢のように流れ去り、取り戻すことはできません。そうして失われていくのは、時間だけでなくあなたの可能性。「あの時こうしていれば…」とどんなに悔やんでも、過去をやり直すことはできないのです。

　私たちに与えられている時間は有限。それをどう使いたいかをしっかりと心に定め、時を活かしていきましょう。

プチ禅のススメ

禅には「やるべきは今、ここ、自分」を表す「即今（そっこん）、当処（とうしょ）、自己（じこ）」という言葉があります。したいことがあるなら、今できることから挑戦を。一歩踏み出せば、必ず何かが得られます。

絶好調！！

元 気

げんき

　元気とは、私たちの体に宿る気がいきいきとしていること。元気な時は自分の力が引き出され、明るく前向きに行動でき、いい結果を生み出すことができます。そんなあなたの姿を見て、周りの人も元気になるでしょう。あなたが放つ気は、波紋のように周りにも広がっていくのです。

　もし落ち込んでいる人がいたら、優しく声をかけてみましょう。ふれあいやまなざしを通じて、あなたの元気を人にわけてあげることもできるのです。

　そうやってみんなが元気になっていけば、毎日がますます輝いていくでしょう。

プチ禅のススメ

修行僧は一年中ずっと裸足で生活します。寒さに強くなって風邪を引きにくくなり、血流改善で冷え性にも効果的。足のツボも刺激され、元気が出ます。時には裸足で生活してみましょう。

あきらめない

一以貫之

いちをもってこれをつらぬく

どんな状況や困難にあっても揺るがず、一つの信念を貫くこと。それはあなたに多くの経験や成長をもたらし、道を切り開く力や自信を与えてくれます。

しかし、その思いが強くなりすぎて「こうしなければならない」と思い込むのは危険です。かたくなに信念を通そうとして、考えや視野が狭くなり、かえって自分の成長を止めてしまうこともあるからです。

信念の中で、ゆずれないものとゆずれるものを明確にしましょう。それをもとに、柔軟な心を持って変化や発見を取り入れ、選んだ道を進んでいけばいいのです。

プチ禅のススメ

茶の湯などで床の間に飾られる掛け軸には、色々な言葉が書かれ、大切にすべきことを教えてくれます。そんなふうに自分の信念や初心を思い出せる言葉をくり返し見て、忘れないようにしましょう。

心も体もピカピカに

洗心

せんしん

　神社やお寺の手水舎（ちょうずや）に、この言葉が刻まれていることがあります。神様に挨拶する前には手や口を清めますが、その時に心も清めなさい、という意味です。

　不本意な出来事や心ない言葉を受けると、私たちの心は怒りや悲しみでくすんでしまいます。それをそのまま放置していると、喜びや幸せも感じにくい心になってしまうのです。

　そんな時は一度立ち止まり、心を美しく清めましょう。心のもやを吐き出すように、深く呼吸するだけでもいいのです。清らかになった心には、生きていることのありがたさや喜びが自然とわいてきます。

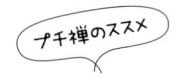

プチ禅のススメ

心身に加え、身の周りの環境をきれいにする習慣を身につけましょう。ものは整理整頓し、不要なものはすぐ捨てる。身の周りがスッキリしていると、思考も行動もスムーズになります。

常 識 を 破 る

裂古破今

いにしえをさき　いまをやぶる

　私たちの日常には、長い年月を経て築かれたものと、日々新たに生み出されるものが入り交じっています。「昔からこうだから」の一言で古いルールを押し付けられ、窮屈に思う人もいれば、新しいものの陰で、古き良き伝統が失われていくことを嘆く人もいるでしょう。

　大切なのは、新旧のどちらが優れているかではなく、その中にある本質を見極めること。常識や世間の声に惑わされず、自分の目で物事をしっかり見るようにしましょう。そうすれば、何が本当に重要なのかが、自分で判断できるようになります。

プチ禅のススメ

本質を見極めるには、いいものに触れることが大切。禅庭の「枯（かれ）山水（さんすい）」などの優れた芸術、一級品、一流のサービスなどに触れる機会を増やし、ものを見る目を養いましょう。

目を覚ませ！

惺惺着

せいせいじゃく

テレビや雑誌、インターネットなど、私たちのもとには日々たくさんの情報が押し寄せてきます。また、仕事や家事、突然のハプニングなど、対応すべきことも次々に起こります。そういった日常の喧噪にのまれてしまうと、本当の自分を見失い、振り回されて疲れ切ってしまうことも。

そんな状況に気づいたら、自分の本性がしっかり目覚めているかを確認しましょう。「自分は今、目を覚ましているか？」と心に問いかけ、自分のあり方を整えるのです。そのくり返しが、本来のあなたを目覚めさせ、力強いものにしてゆくでしょう。

プチ禅のススメ

禅僧はお腹から声を出して、お経を唱えます。そうすることで脳が活性化し、心身が目覚めるのです。雑事にのまれて集中力が落ちていると感じたら、お腹から声を出してスッキリさせましょう。

目標に一途

工夫

くふう

工夫というと、新しい手段や方法を探したり、知恵を絞ることが思い浮かびますが、禅の世界では「修行に一心に励むこと」を表します。

自分のするべきことに集中していれば、成果も上がりやすく、達成するためのアイデアもわきやすくなるでしょう。しかし他のことに気を取られると、集中力も落ち、達成までの歩みが遅くなってしまいます。

これだと決めたものがあるなら、迷うことなくまっすぐ取り組みましょう。その姿勢が物事の達成を早め、より良い成果を生み出す力を育てていくのです。

プチ禅のススメ

「こうしたい」という希望を「発心」といいます。希望があれば何かに挑戦したり、努力を続けていく力がわいてきます。道のりの途中でくじけそうになったら、発心を思い出しましょう。

足元って、大事

脚下照顧

きゃっかしょうこ

三光国師（さんこうこくし）が「禅の極意とは？」と弟子に問われ、答えた言葉が「脚下照顧」でした。自分の足元、すなわち自分自身をしっかりと顧みることが大切だと説いたのです。

この言葉はお寺の玄関などに飾られ、「履物をそろえなさい」と私たちに教えています。目標に向かう時、私たちは前に進むことに全力を注ぎます。しかし、行く先ばかりを見て、脱いだ靴の乱れにも気づかなければ、今の自分がどういう状態にあるかもわかりません。靴をそろえる、そんな小さな行動から今の自分を見つめる。その心の余裕が、前進するための土台になるのです。

プチ禅のススメ

靴のつま先が家の中に向くことを「入船（いりふね）」、家の外に向くことを「出船（でふね）」といいます。出船の状態で靴を脱ぐのはマナー違反。入船の状態で靴を脱ぎ、家に上がってから出船の状態にそろえましょう。

落ち着け！

平常心是道

びょうじょうしんぜどう

　思いがけない出来事が起こったり、大きなプレッシャーがかかると、焦りや緊張で自分の力を十分に発揮できなくなることがあります。しかし、日頃から自分の心を整えておけば、そんな状況でも動じずに対応できます。

　南泉禅師は「平常心是道」と弟子に説き、毎日の生活をきちんと真面目に積み重ねていくことが、人や状況に振り回されない穏やかな自分をつくると教えました。危機迫った時にあわてて心を整えようとするのではなく、普段から心を整えることを大切に。そうすれば、どんな状況でも落ち着いて力を発揮できます。

般若心経などのお経を書き写す写経には、文字を丁寧に書くことで心を落ち着かせる効果があります。焦った時は、呼吸を整えて字を丁寧に書いてみましょう。自然と落ち着きを取り戻せます。

バック・トゥ・ザ
ヒストリー

稽古照今

いにしえをかんがえて　いまにてらす

稽古とは「古（いにしえ）を稽（考）（かんが）える」こと。昔のことを調べて、今すべきことを見つけるという意味です。

茶道や華道、武道などの伝統的なものから、英語やアロマ、ヨガなどの新しいものまで、たくさんの習い事があります。お金を払えば、専門の先生が多くの知識や技術を教えてくれるでしょう。しかし、どれだけ知識を学んだとしても、それらを活用しなければ意味はありません。知識は活かすことで初めて力となり、あなたの人生を豊かにしてくれるのです。

昔から継がれてきた知識を、今の自分にどう活かしていくのか。それをしっかり考えましょう。

プチ禅のススメ

人生の大先輩であるお年寄りの話は、学びの宝庫です。長い時間をかけて得たものや気づきは、どんな本にも載っていない生きた知恵。お年寄りの話に耳を傾け、人生のヒントをもらいましょう。

チャンスをねらえ

大機大用

だいきだいゆう

「機」は機会（チャンス）を意味します。チャンスを活かして飛躍していくことを「大機」といいます。誰でも、そんな大きなチャンスが来るのを願っているのではないでしょうか。

しかし、大きく飛躍するためには、それに見合うだけの行動が必要。チャンスが来た時にどう動くのかを「大用」といいます。チャンスが来ても行動しなければ、何も起こりません。かといって、やみくもに動くばかりでは徒労に終わってしまうことも。チャンスに備えて日頃から準備し、その時が来たら素早く行動する。チャンスと行動をともに活かすことが大切です。

プチ禅のススメ

机の上や部屋が散らかっていると、その後の行動に支障が出たり、一日の成果が落ちることも。使ったものはその時に片付ける。そんなこともチャンスをつかむのに重要な準備です。

人生はトライの連続

冷暖自知

れいだんじち

　目の前の水がどのくらい冷たいかは、飲んでみないとわかりません。誰かが飲んで「冷たい」と教えてくれても、自分にとっては「あたたかい」と感じるかもしれないからです。

　このように、物事は人から教えられるものではなく、自分が実際に体験して初めてわかるもの。やってみたからこそ得られた感覚や気づき、教訓を積み重ねて、私たちは世界を広げていくのです。

　人の意見や感じ方を鵜呑みにして「わかったつもり」になっていては、世界は広がりません。どんなものも自分の心と体で触れて、感じ取っていきましょう。

プチ禅のススメ

禅では、目の前にあるものを味わうことを大切にしています。時には下調べやガイドブックなしで、気ままに旅をしてみましょう。先入観なしで体験すると、新鮮な驚きや感動が得られます。

残ってるよ

魚行水濁

うおゆけば　みずにごる

自分の言葉や行動が、誰かを喜ばせたりする一方で、傷つけてしまうこともあります。魚が泳ぐと底の砂が舞って水がにごるように、私たちの言動も何らかの跡を残すのです。

どんなに小さな一歩でも、踏み出せば何かが起こります。コツコツと努力したことが自分の人生を豊かにし、人目につかない心遣いが、誰かの幸せにつながることもあるでしょう。一方で、うまく隠し通せたと思った悪事も、必ずどこかで見破られてしまうもの。いいことも悪いことも、すべてが自分の身に返ってくるのです。そのことを自覚して、今日の一歩を選びましょう。

プチ禅のススメ

美しい姿勢やにこやかな笑顔は、周りに明るさや元気をもたらし、良い印象を残します。それが後に、人との良い縁や関係づくりにつながることも。自分の振る舞いが及ぼす影響を意識しましょう。

苦手から逃げない

滅却心頭火自涼

しんとうをめっきゃくすれば　ひもおのずからすずし

　苦手な人や状況に接すると、私たちは嫌な気持ちになります。しかしその不快な感情は、相手や状況ではなく自分の心が生み出しているもの。「これは苦手だ」と思う気持ちこそが、私たちに苦しみや痛みをもたらしているのです。

　もし、食わず嫌いの「苦手」があるなら、思い切って挑戦してみましょう。やってみたら意外と大丈夫だった、ということは多々あるもの。物事にこだわる分別の心を捨て、無心になって向き合えば、火の熱さもそのままに受け入れることができる。それを心に留めて、今日も小さな挑戦をしてみましょう。

苦手な人との距離を縮めるには「美点凝視（びてんぎょうし）」が効果的。いろんな角度からその人を見て、いいところや長所を探してみましょう。相手の魅力がわかれば、苦手意識も次第に和らいでいきます。

より上を目指して

白珪尚可磨

はっけいなおみがくべし

　「白珪」とは上が丸く、下が四角い完璧な玉のこと。これ以上磨きようがないと思われる美しい玉でも、さらに磨こうと努力することが大切だという教えです。

　どんな道にも、終わりはありません。すべて学んだ、これで完璧だと思っても、そこで終わってしまえばあなたの成長も止まってしまうのです。優れた人は自分の力や知識に慢心せず、日々磨き続けることを大切にしています。

　現状で満足せず、さらなる高みを目指して努力し続ける。その姿勢が、あなたという存在を磨き、一層輝かせていくのでしょう。

あれこれ趣味を楽しむのもいいですが、何か一つ、ずっと続けていきたいものを見つけましょう。人生をかけて磨き続ければ、「これぞ自分の道」というところまで高められます。

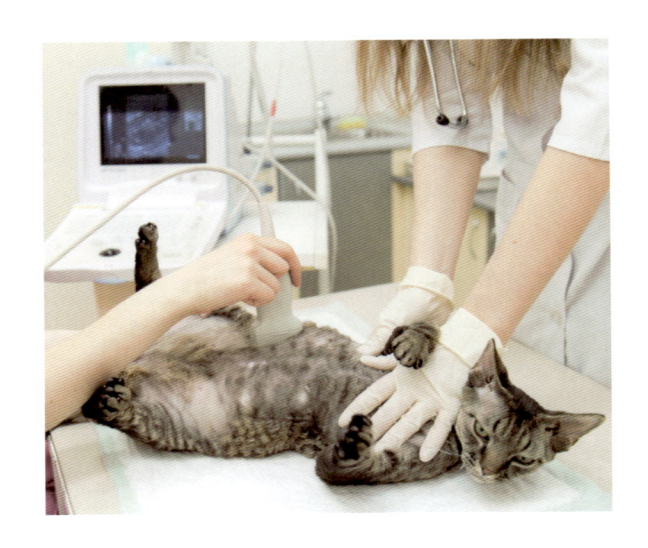

耐 え る

寒松一色千年別

かんしょういっしきせんねんべつなり

　松の木は、厳しい冬の中でも美しい葉を茂らせています。雪に覆われても静かに息づく緑は、千年経っても変わらずにあり続けるような強さを教えてくれます。

　人生には、苦難の連続と思えるような時期もあります。あまりのつらさに「耐えられない」と打ちひしがれることもあるでしょう。けれど誰の中にも、苦難を成長に変える力はあるのです。そして厳しい冬の時期を過ぎれば、美しい春があなたを迎えてくれるはず。

　時を越えて力強く生きる松の木のように、人生の冬を乗り越えていけますように。

プチ禅のススメ

あまりに耐えがたいことが起こると、怒りが爆発しそうになることも。そんな時は丹田（へそから約9cm下）を意識してひと呼吸を。頭にのぼった血がすーっとおさまって、冷静になれます。

ご飯を食べるのも、
修行

歩歩是道場

ほほこれどうじょう

　何かを学ぼうとする時、私たちはそれを教えてくれる人や場所を探します。良き師に出会えば飛躍的に成長できますが、学び場に恵まれず立ち止まってしまうこともあるでしょう。

　しかし、本当に学びたいと思えば、外側の条件など関係なく、どこでも学べるのです。料理の腕を磨きたければ家の台所が、美しい芸術を生み出したければ自然が、自分を磨きたければ日常の出来事のすべてが先生になるのです。特別な修行場だけでなく、食事や睡眠も含めて、日々のすべてが私たちを磨く場所。今日、何を思って何をしたかが、人生の豊かさにつながってゆくのです。

プチ禅のススメ

自分で料理すると、五感が刺激されて感受性が高まります。大根の皮や葉もきんぴらや漬け物にするなど、食材をすべて使い切るよう工夫しましょう。料理の腕が上がり、ゴミや出費も減らせます。

一歩ずつ進もう

枯木花開劫外春

こぼくはなひらく　ごうがいのはる

　「劫外」とは、私たちの時間の概念を超えた世界のこと。たゆまぬ努力を重ねて悟りの世界に入れば、枯れてしまった木にも真理の花が咲くということです。

　もうこんな年齢だから、自分には力がないから…そうつぶやいて夢を終わらせることもあるでしょう。ですがそれは、永遠の終わりではありません。あなたの心に希望があるのなら、その夢を何度でもやり直せばいいのです。

　たとえ枯れてしまったと思っても、そこからもう一度始めようと立ち上がる。その決意と努力の果てに、あなたの夢は美しい花を咲かせるのです。

立った姿勢で丹田を意識して呼吸することを「立禅」といいます。少しの時間でも心が落ち着き、思考がクリアに。通勤中や移動中の習慣にして日々続ければ、夢に向かう強い心が育てられます。

随分まるくなったね

閑古錐

かんこすい

　鋭くとがった錐(きり)も、使い込まれていくうちに先がまるくなっていきます。道具としては使えなくなっても、円熟して深みのある味わいを醸し出し、どっしりとした存在感を放ちます。

　誰でも若いうちは、夢や目標に向かって猛進したり、自分を主張して衝突や摩擦をくり返します。しかしそれらをくり返すうちに、次第にこだわりや執着が取れ、人としてまるくなっていくのです。長い年月を経て辿り着いた穏やかさは、人生の成熟の証。むやみに人を傷つけず、おごそかな目と存在で多くを伝える者になった時、人生のより深い喜びを味わうことができるでしょう。

プチ禅のススメ

修行僧は午前四時に起き、午後九時に眠る、規則正しい生活をします。そうすることで心身の変化にも気づきやすくなるのです。日々を丁寧に暮らし、自分の成長や変化を意識しましょう。

禅的料理のコツ

　お寺で出される精進料理。肉や魚を使わず、体にいいと注目を集めています。その基礎を築いたのは道元禅師。料理する際の心得を記した『典座教訓』には、「三徳と六味を備えれば、味も見た目も良く、栄養的にも優れた料理ができる」「三心を忘れないことが大切」と書かれています。

三徳
- 軽軟…軽く、あっさりとしてやわらかい
- 浄潔…清潔でさっぱりしている
- 如法…正しい手順で丁寧に調理する

六味
- 苦…苦い
- 辛…からい
- 酸…すっぱい
- 鹹…塩からい
- 甘…甘い
- 淡…素材の味を活かす

三心
- 喜心…調理できる縁に感謝し、食べる人の幸せを祈る
- 老心…手間ひまを惜しまず、丁寧に調理する
- 大心…かたよらず、大きな心で調理する

　三徳・六味・三心がそろっていれば、どんな料理も真心にあふれ、食べる人の心身をすこやかにするでしょう。

chapter 3

Change

そんなに悩まないで

本来無一物

ほんらいむいちもつ

　生きていく中で、悩みや迷いは尽きません。「どうしたらいいのか」と必死に考えても、なかなか答えが出ない。出口のない暗闇をさまよっているようで、落ち込むこともあるでしょう。

　しかし、本来人は何も持っていないのです。どんな悩みも、「こうあるべき」と物事に過剰にこだわったり、人目を気にする自分の心が生み出したもので、実体のない幻なのです。そのことに気づいて、いらない執着を手放せば、苦しみは自然にとけてゆきます。「私たちは本来、何も持っていない」。そのことに立ち戻れば、悩みや迷いの闇から抜け出すことができるでしょう。

プチ禅のススメ

気持ちを切り替えたい時は、坐禅がおすすめ。姿勢を正してあぐらをかき、ゆっくりと呼吸します。雑念がわいてきても放っておきましょう。心がリフレッシュし、悩みが気にならなくなります。

手のひらの、宝物

明珠在掌

みょうじゅ　たなごころにあり

　もっといいものがあるんじゃないか。ここではないどこかに行けば、人生うまくいくんじゃないか。これを手に入れれば、幸せになれるんじゃないか…。そうやって幸せを求めて走り回っているけれど、見つからない。そんな時は、思い出して。

　素晴らしい宝物は、あなたの手の中にあるのです。生まれた時に、誰もが一つは持っている宝物。それは今も、あなたの中にあるのです。その存在に気づけば、もうどこかに幸せを探す必要も、自分以外の誰かになる必要もありません。あなたはそのままでいい。そしてその手をあたためながら、生きてゆけばいいのです。

プチ禅のススメ

欠点を直そうとするより、時間も忘れて夢中になれることを見つけ、自分の個性や才能を磨きましょう。安らかな心で、天から与えられた命をまっとうすることを「安心立命」といいます。

いつの時代も、
変わらない

水急不流月

みずきゅうにして　つきをながさず

　川の水はさらさらと流れ、とどまることはありません。けれどその流れがどんなに急であっても、水面に映る月は押し流されることなく、そこにあり続けるのです。

　私たちの時間も状況も、川の流れのようにどんどん変わっていきます。昨日まで絶対と信じられていたものがあっけなく壊れてしまったり、日の当たらない場所にいたものが突然注目を集めたりします。急激な変化の波に、のまれそうになることもあるでしょう。

　けれどそこで、自分を見失わないで。水面に映る月のように、あなたは変わらず、そこにいればいいのです。

プチ禅のススメ

坐禅には「調身、調息、調心」という三つの要素があります。姿勢が整えば呼吸が整い、呼吸が整えば心が整うのです。自分を見失いそうになったら、この順番で心を整えましょう。

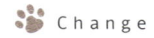

やるぞ！

一心

いっしん

　夢をかなえる秘訣は何でしょうか？　夢の実現にはチャンスや運、人脈なども必要ですが、最も大切なのはその人が「やる」と決めることです。

　どんなことも「やるぞ」と決意しなければ始まりません。物事を動かす力は知識や才能にあるのではなく、心にあるのです。決意して動き出せば、状況は必ず変わります。

　目の前のことに真剣に打ち込めば、あなたの力が最大限に発揮され、大きな成果を生みます。それが周りの人の心も動かすでしょう。心を一つにすることで、停滞や迷いを打破し、力強く道を切り開いていきましょう。

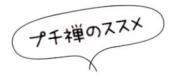

プチ禅のススメ

やる気が出ない時は「喝！」と大声で言ってみましょう。弟子の迷いや不安を断ち切るために、師が投げかける言葉です。心を目覚めさせ、物事の流れを変えることができます。

器 は 大 きく

大象不遊兎径

だいぞうは　とけいにあそばず

　体が大きい象は、うさぎが通るような小さな道は歩きません。象は自分の体に合う大きな道を、悠然と進んでいくのです。

　ささいなことを気にしすぎたり、目先の利益にこだわると、自分の視野がどんどん狭くなります。いいアイデアも生まれず、成果や成長が乏しくなってしまうことも。

　心に窮屈さを感じたら、大らかに物事を受け止めるようにしてみましょう。そうして一歩踏み出せば、新しい世界が広がっていきます。大物ほど、小さなことにはこだわりません。自分の器を大きく広げ、柔軟な発想と広い視野を持てば、小さな悩みも気にならなくなります。

プチ禅のススメ

あわただしい毎日を送っていたら、十分でもいいので早起きをしてみましょう。朝の時間を落ち着いて過ごすと、気持ちに余裕ができ、物事を大らかにとらえることができます。

悔やんでいても、
何も始まらないよ

莫妄想

まくもうぞう

「あの時こうしていれば…」と、過去の出来事をいつまでも悔やむ人。「もしこうなったらどうしよう…」と、まだ起きていない未来を憂いてため息をつく人。過去と未来、考えていることは違いますが、どちらも「今、ここ」にはいません。両者ともありもしない妄想にとらわれ、動けなくなっているのです。

妄想は、私たちに実体のない不安や悩みの種を植え付け、前に進む力や冷静な判断力を鈍らせます。妄想にとらわれたら、すぐにストップしましょう。頭で考え続けても、答えは出ません。妄想を断ち切り、目の前の状況に心を戻すことを大切に。

プチ禅のススメ

心配ごとにとらわれると、眠りが浅くなって疲れも取れません。寝る前はリラックスして過ごしましょう。布団の上で坐禅を組み、頭をからっぽにするのもおすすめです。

比べるのはやめよう

一無位真人

いちむいのしんじん

　学校なら先生と生徒、会社なら上司・同僚・部下など、私たちの周りには様々な関係があります。他にも男性と女性、若者と老人、お金持ちと貧乏など、私たちは立場や地位で相手を判断し、時にはそこに上下関係を持ち込みます。それが差別や否定につながることもあるでしょう。

　しかし、誰の中にも、そういった上下関係にとらわれない自分がいるのです。私たち一人ひとりの本質は、世間の価値判断に左右されない、尊いもの。そのことに気づけば、周りの人を比較して優劣をつける窮屈さから抜け出すことができるでしょう。

プチ禅のススメ

人との関係に悩んだら、掃除をしましょう。ひたすら手を動かしていると、汚れとともに心のにごりも落ちていきます。後にはスッキリとした部屋と心が得られるでしょう。

どうしょ～

達磨安心

だるまあんじん

「不安を取り除いてください」と言う弟子に、禅宗の初祖・達磨大師は「ではその不安を私の前に出してごらん」と言いました。すると弟子は、不安は実体がないから出すことができないと気づき、自分がいかに空虚なものにとらわれていたかを知りました。

仕事や家族、人生のこと…不安は次々にわいてきて、私たちの心に重くのしかかります。しかしそのほとんどは、自分の頭が勝手につくった妄想に過ぎないのです。実体のないものに振り回されるのはやめましょう。今、目の前のことだけを考えるようにすれば、不安は自然と消えてゆくのです。

毎日を違う一日として迎えることを「日々新又日新」といいます。暗い感情はその日のうちにリセットし、引きずらないようにしましょう。そうすれば不安にとらわれることも減っていきます。

ただの紙切れ

名利共休

みょうりともにきゅうす

　お金や名誉には、人の心を惑わし、道を誤らせてしまう力があります。成功したい、高い地位がほしい、豊かになりたい…。その願いはあなたを成長させる原動力にもなりますが、過剰な欲がからむと、争いや葛藤を生むもとにもなるのです。

　お金や名誉を通じて、あなたがほしいものは何でしょうか？それは自信だったり、好きなことをできる自由だったり、家族との豊かな時間だったり…。よく考えてみると、それらを得るのにお金や名誉が絶対に必要ではないと気づきます。お金や名誉への執着を捨てれば、争いもなくなり、心穏やかに過ごせるでしょう。

仏教では欲望と煩悩を「三毒」といいます。「貪（とん）（何でもほしがる心）」「瞋（じん）（怒りにとらわれる心）」「癡（ち）（常識や道徳を知らない、愚かな心）」の三つが表れたら、心を落ち着かせて手放しましょう。

心 は い つ も 、 青 空

雲収山岳青

くもおさまりて　さんがくあおし

　雲が晴れれば、青々と広がる山が見えてきます。どんなに大きな雲がかかっても、山は変わらずにそこにあり続けるのです。

　私たちの心も、時に大きくくもります。不安や心配、焦りなどでいっぱいになると、先がうまく見えず、自分を見失ってしまうこともあるでしょう。しかしそんな心も、空と同じように移り変わっていくもの。もやもやした気持ちや悩みが晴れれば、何一つ変わらない本来の自分が姿を見せるのです。

　心のくもりを晴らして、自分をしっかり持ち続けましょう。いつも青空のような、明るく澄んだ心を大切に。

プチ禅のススメ

部屋をシンプルに整えると、心も整います。自分に必要なものだけがそろったきれいな空間で過ごせば、ごちゃごちゃした考えや悩みにとらわれることも減っていきます。

もやもやを切れ！

吹毛剣

すいもうけん

やわらかな鳥の毛でも、吹きつけただけで切ってしまう鋭い刃を「吹毛剣」といいます。この剣には、人の煩悩やしがらみもスパッと切り落とす力があります。

煩悩やしがらみ、迷いや悩みは次々と浮かび、私たちの心をくもらせます。くもった心では冷静な判断ができず、身動きが取れなくなって、歩みが遅くなることも。そんな時は吹毛剣で、心のよどみを一刀両断しましょう。煩悩を断ち切れば、スッキリとした心が取り戻せます。クリアになった自分で物事に取り組めば、アイデアも浮かびやすくなり、軽やかに前に進めるでしょう。

プチ禅のススメ

週に一度は、野菜中心の食事をしましょう。体や肌が健康になるのに加えて、心もスッキリします。イライラや煩悩にとらわれることが減り、心穏やかに過ごせるようになるでしょう。

捨てると楽チン

放下着

ほうげじゃく

　新しい商品や情報、ほしいものが手に入ると嬉しくなりますが、あまりに多くのものに囲まれていると、息が詰まってしまいます。また、多すぎる情報やつまらない考えで心がいっぱいになると、新しい発想もわきにくくなり、物事がスムーズに進みません。

　放下着とは「すべてを捨ててしまいなさい」という意味。いらないものはどんどん捨てていきましょう。ものと一緒に不安やイライラ、おごりやプライドも手放し、心の大掃除をします。そうやっていろんなものを捨ててゆけば、何も持たない自分でも生きてゆけるのだという静かな自信が得られます。

悲しみや怒りがたまっていると感じたら、思い切って泣いたり怒ったりしてみましょう。我慢せずに感情を出してしまえば、心がスッキリし、身軽になれます。

何 が あ っ て も
動 じ な い

八風吹不動

はっぷうふけどもどうぜず

　人生には、心を惑わす八風（利衰毀誉称譏苦楽）が吹いています。損をする、陰口を言われる、批判される、苦しむなどのマイナスなことに加え、利益を得る、陰で誉められる、称賛される、楽しむなどのプラスのことも、私たちの心を大きく揺るがすのです。

　自然に吹く風を止められないように、起こる出来事をコントロールすることは誰にもできません。大切なのは、出来事に翻弄されるのではなく、自分をしっかり持つこと。何があっても揺るがない芯の強さを持てば、どんな人生の風にも負けることなく、自分の道をまっすぐ進んでいけるでしょう。

プチ禅のススメ

動じない自分になるには、ネガティブなことに影響されない強さを持ちましょう。嫌な言葉や出来事は、さらりと聞き流したり、適度に距離を置いて。人の言動に左右されないことも大切です。

何もしなくても
いいんだよ

無事是貴人

ぶじこれきにん

　無事とは「安全で問題がないこと」をいいますが、禅語では「何もしないこと」を表します。

　「何もしないのは怠けている」というイメージから、私たちは新しいものや経験、学びなどに手を伸ばし、自分を磨こうとします。しかし本当は、あなたが手にしたものに価値があるのではなく、そのままのあなたで十分に素敵な存在なのです。必要なものはすべて、あなたの中に備わっている。そのことに気づけたら、自然体でのびやかに生きられるようになるでしょう。外に何も求めず、安らかにいられること。そんな人こそ、貴い人なのです。

プチ禅のススメ

名僧は世俗を離れた自然で、あるがままに生きることを大切にしていました。私たちも時には、日常から離れる時間を持ちましょう。一人でのんびりと過ごせば、心がどんどん自由になります。

禅的掃除のコツ

　ためてしまうとやっかいなのが掃除。放置した汚れが落ちにくくなったり、ものが片付いていないとスムーズに動けず、イライラしてしまいます。

　禅寺では、境内をほうきで掃いたり、床に雑巾がけをするなど、一日に何度も掃除をします。しかしなぜ、こんなに頻繁に掃除をするのでしょうか？

　心を整えるには、まず塵（ちり）やホコリのない美しい空間をつくることが大事。これを「一掃除（いちそうじ）二信心（にしんじん）」といいます。修行僧はその教えのもとに、汚れたら掃除をするのではなく、自分の心を磨くために掃除をしているのです。あれこれ考えず、無心になって床を磨くことで、自分の心も磨いてゆく。それほど、掃除は禅において大切なことなのです。

　忙しい日常生活の中で、一日に何度も掃除するのは難しいかもしれませんが、少しずつでもまめに掃除をする習慣をつけましょう。一日五分、掃除することから始めてもいいのです。掃除した後のきれいな空間は清々しく、達成感も味わえます。部屋がきれいになるほどに、あなたの心もピカピカになっていくでしょう。

chapter 4

Life

ぽかぽか〜

雪月花

せつげっか

　雪はあたたかくなればとけ、月は欠けては満ち、花も盛り
を過ぎれば散っていきます。物事は時とともに移り変わるも
の。だからこそ今、目の前にあるものを味わうのが大切です。

　私たちの心は、過去の後悔やまだ起こっていない未来への
不安でいっぱいになることが多々あります。そうすると、目
の前に何があっても気づかず、素通りしてしまうことも。し
かし、目の前にあるものを味わい、喜びや幸せを感じ取れる
のは、今ここでしかできません。後悔や不安を横において、
目の前にある喜びに心を開けば、何気ない日常にたくさんの
幸せを見つけることができるでしょう。

プチ禅のススメ

禅僧は早朝から坐禅を組み、新鮮な空気で心身をすこやかにしま
す。朝、少しでも早起きして散歩をしてみましょう。頬をなでる
風や咲き始めた花などから、季節の変化を味わうことができます。

十分でしょ？

知足

ちそく

　私たちの欲には底がありません。服をたくさん持っているのに、流行の服がほしくなったり、お腹がいっぱいなのにまだ食べたくなったり…「もっと、もっと」と追い求める気持ちにはきりがなく、欲張るほどに不平不満が増えていきます。

　知足とは「足るを知る」ということ。自分に本当に必要なものは何かを知り、それがあれば十分だと満足することです。そんな心を持てば、ものへの過剰な欲やこだわりは自然となくなっていくでしょう。足るを知るということは、等身大の自分で生きていくこと。多くのものを持つより、自分の心が満たされることを大切に。

プチ禅のススメ

テレビを見たり、仕事の資料を見ながらの「ながら食べ」はやめましょう。目の前のお茶や食事だけに集中し、ゆっくり味わう「喫茶喫飯」を大切にすれば、深い満足が得られます。

雨の日は、
家でまったり

晴耕雨読

せいこううどく

　私たちの日常には、晴れの日も雨の日もあります。それは空模様だけではなく、心も同じ。何もかもがうまくいき、踊り出したいぐらい楽しい日もあれば、失敗続きで落ち込み、涙に暮れる日もあるでしょう。

　そんな時は、自分の心に寄り添うことを大切に。明るい時は楽しく過ごせばいいし、悲しい時は自分を優しくいたわればいいのです。晴れた日には田畑を耕し、雨の日には家で本を読む。世間の煩わしさから離れ、自然のままに生きるのが、人間の本来の姿です。心模様に寄り添えば、いつも自然な自分でいられます。

 プチ禅のススメ

植物を育てると、自然の移り変わりを感じることができます。忙しい毎日でも、自然のリズムに合わせて育つ植物をながめれば、自分も自然の一部だということを思い出せます。

どこにいても、
自分は自分

主人公

しゅじんこう

　私たちの内側には、普段意識している自分より純粋な「主人公」がいます。その主人公は、私たちが世間に振り回されたり、不安や迷いでいっぱいになる時も、変わらずにそこにあり続けます。

　瑞巌和尚は、毎日自分に「主人公」と呼びかけ、「はい」と返事をしていました。自分の主人公が目を覚ましているかを確認し、常に主体的な自己を持とうと心がけていたのです。

　自分を見失いそうになったら「主人公」と呼びかけましょう。心の深い部分から返ってくる声が、本当のあなた。その声とともにあれば、自分の道を迷わずに進んでいくことができます。

プチ禅のススメ

禅では、本来の自分を知るために禅問答をくり返します。「今、どんな気分？」など簡単なものでいいので、折々で自分に問いかけてみましょう。そのくり返しが、成長や前進につながります。

成り行きまかせも
いいもんだ

行雲流水

こううんりゅうすい

　問題や障害が起こると、立ち止まって動けなくなることがあります。「どうすればこの壁を越えられるのか？」と考えてもいいアイデアが出ず、停滞してしまうこともあるでしょう。

　そんな時は、大空にただよう雲や川を流れる水のように、しなやかな姿勢を持ちましょう。山があれば雲は二つにわかれ、岩があれば水はそれに沿って流れていくのです。問題や障害を何とかしようとせず、柔軟に進んでいきましょう。

　物事へのこだわりをなくせば、人生は意外とスムーズに進んでいくもの。雲のように悠々とただよい、水のようにさらさらと流れる、自由な生き方を大切に。

プチ禅のススメ

悩みで頭がいっぱいになったら、数分でもいいのでぼーっと過ごしてみましょう。頭をからっぽにすれば、心もゆるんできます。柔軟なアイデアや発想も浮かびやすくなるでしょう。

Life

かげ
陰から見守る

和光同塵

わこうどうじん

　オリンピックで金メダルをとった選手は、まぶしい光で人々を魅了します。しかしその栄誉は本人の努力や才能だけではなく、たくさんの人の支えや力があってこそ得られたもの。

　優れた人は、豊かな知恵や力を持っていても、それをひけらかすことはしません。謙虚な姿勢でそこにいて、必要な助けをさりげなく行い、周りの人を導くのです。その姿は、自らの光を和らげ、塵（ちり）にまみれて世俗に紛れ、人々を助けた仏様のよう。自分の力を誇示せず、控えめな姿勢で周囲を助ける人こそ、優れた存在。成功や喜びの陰には、そういう人の支えが必ずあるのです。

プチ禅のススメ

食事の時は「いただきます」と手を合わせましょう。毎日の食事も、食材を育てる人、運ぶ人、つくってくれる人たちのおかげでいただけるもの。感謝することで謙虚な気持ちが育ちます。

夢 を か た ち に

夢

ゆめ

　夢の世界では、何でもできます。素敵な人と恋することも、世界中を旅することも、憧れの職業につくことも可能です。しかし目が覚めれば、それらは泡のようにはかなく消えるもの。どんな夢も、実体のない幻なのです。

　しかし、誰の中にも夢をかなえる力はあるのです。気になる人に声をかけてみる、旅行のために 500 円貯金をしてみる、やりたい仕事の情報を集める…どんなに小さくても一歩踏み出せば、そこから夢がかたちになってゆくでしょう。そうして生きる夢は、はかなく消えることなく、あなたの毎日を幸せにしていきます。

プチ禅のススメ

夢をかなえる道のりで不安や迷いが生じたら、息を思い切り吐きましょう。呼吸は「呼＝吐く」「吸＝吸う」の順が示すように、吐く方が先です。息と一緒に心のにごりも出れば、スッキリします。

今、あなたを助けたい

無功徳

むくどく

　「人に親切に」と教えられ、心がけてきた人もいるでしょう。しかしそこに、相手からの感謝や見返りを求める気持ちがあると、それが得られなかった時に不満を生んでしまいます。

　良いことは、見返りを求めずにするのが大切。自分の良心に従って、したいと思った時にすればいいのです。そうして行った親切は、相手だけでなくあなたの心も満たします。見返りを求めていた時には得られなかった心のあたたかさ、自分を誇らしく思う気持ち、人とのつながり。それが親切な行いへの、真のご褒美。自分の良心を大切にして行動すれば、損得を超えた深い満足が得られるのです。

自分のことを後にし、まず人のことを考えて行動することを「忘己利他（もうこりた）」といいます。道の空き缶をゴミ箱に捨てる、お年寄りに席をゆずるなど、小さな配慮が優しさを育てます。

ただ、咲く

百花為誰開

ひゃっか　たがためにかひらく

　美しい花は心を和ませ、幸せな気持ちにさせてくれます。しかし花は、私たちを喜ばせるために咲いているのではありません。花はただ、自然の営みに合わせて咲くだけなのです。

　自分は人の役に立てているのか、何のために生きているのか…。答えの出ない問いに立ち止まり、無力さや未熟さを感じることもあるでしょう。そんな時は、無心に咲く花を思い出して。何も主張せず、ただ与えられた命を静かに生きる。その姿に思いをはせれば、役に立つとか立たないといったしがらみを超えて、純粋な命の美しさをいとおしむことができるでしょう。

プチ禅のススメ

「すべての人に好かれよう」とすると気をつかいすぎたり、自分の行動に一喜一憂したりして、苦しくなります。好かれようとするこだわりを捨て、自然体で人との関係を築いていきましょう。

自分を信じて

自灯明

じとうみょう

　子どもの頃は、親や大人が守ってくれます。社会人になれば、先輩や上司に助けられるでしょう。私たちはそうやって、先行く人に教えられ、導かれながら道を進んでいくのです。

　しかし誰でも、いつかは自分の足で歩かなければいけない時が訪れます。あなたの人生を歩けるのは、世界でたった一人、あなただけ。そう思うと心細く、不安に思うこともあるでしょう。ですが、あなたの中には、自分の道を進む力がしっかりと備わっているのです。

　道を照らす光は、あなたの中に。それを掲げれば、どんな暗闇でも前に進む勇気が得られるでしょう。

プチ禅のススメ

優れた人は仕事も「やらせていただいて、ありがたい」という姿勢で取り組みます。うまくいかなくても人のせいにせず、自分の責任とする。その姿勢が、自分を頼りがいある存在に育てます。

サクラサク

春来草自生

はるきたらば　くさおのずからしょうず

春が来れば、草は自然と芽を出します。その時を早めることや遅らせることは、誰にもできないのです。

何かを達成しようとしている時、なかなか成果が出ず、自分の努力が足りないのではと、落ち込むこともあるでしょう。しかしそれは、まだ必要な準備が整っていないだけのこと。もし春の草が冬に芽吹いたとしても、厳しい寒さに枯れてしまうでしょう。それと同じで、焦って先へ進もうとしても、機が熟していなければうまくいかないのです。

一心に打ち込んでいれば、しかるべき時に芽は出る。その時を信じて、今できることを一生懸命やりましょう。

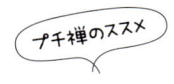

プチ禅のススメ

大きな目標を掲げると挫折しやすいので、小さな目標をコツコツ積み重ねて、ゴールを目指しましょう。無心になって目の前のことに取り組み、目標を達成することを「無心帰大道」といいます。

つながってるよ

○（円相）

えんそう

　始まりも終わりもない、まあるい形。欠けも余りもない完全な円は、滞ることなく循環する森羅万象や宇宙を表しています。

　長い人生の道のりで、立ち止まってしまうこともあるでしょう。希望を失い、自分は一人ぼっちだとうつむく日もあるかもしれません。しかし、どんなにつらい状況でも、あなたはこの世界の円の中にいるのです。季節がくるいなくめぐるように、あなたのその苦しみも、いつかきっと終わる時が来ます。

　めぐりゆく時の流れに身をゆだねれば、すべてはまるくおさまっていく。そのことを信じていれば、どんな苦しみも穏やかに乗り越えていけるでしょう。

プチ禅のススメ

自分から二十代さかのぼれば、ご先祖様の数は百万人にものぼります。心細くなったら、ご先祖様の話を聞きましょう。多くの人の縁があって自分が生まれたと思えば、寂しさもなくなります。

ニャンか、しあわせ

日々是好日

にちにちこれこうじつ

　私たちの毎日には、いいことも悪いことも起こります。予期せぬ幸運に恵まれる日もあれば、トラブルに見舞われる日もあるでしょう。人生に何が起こるかは、誰にもわからないのです。そしてどんな日も、二度と戻らない大切な時間です。

　好日の「好」は、「よし！」と決意を込めて積極的に生きること。出来事のいい・悪いにこだわらず、その日を自分なりに精一杯、生きましょう。

　いいことばかりではなくても、毎日がかけがえのない、私の人生。そう思って一瞬一瞬を大切に生きれば、毎日が素晴らしい一日になるのです。

プチ禅のススメ

一日の終わりには、空を見上げましょう。美しい夕焼けやきらめく星空をながめれば、せわしい心もふっと落ち着きます。そして今日も一日無事過ごせたことに感謝できます。

 写真提供

参考文献

ほっとする禅語 70（二玄社）

続 ほっとする禅語 70（二玄社）

禅語（パイ インターナショナル）

禅、シンプル生活のすすめ（三笠書房）

禅が教えてくれる 美しい人をつくる「所作」の基本（幻冬舎）

禅的 生活ダイエット（こう書房）

装丁デザイン　　宮下ヨシヲ（サイフォン グラフィカ）

本文デザイン　　渡辺靖子（リベラル社）

編集　　　　　　渡辺靖子（リベラル社）

編集人　　　　　伊藤光恵（リベラル社）

営業　　　　　　青木ちはる（リベラル社）

編集部　堀友香・上島俊秀・高清水純
営業部　津村卓・津田滋春・廣田修・榎正樹・澤順二・大野勝司

※本書は 2014 年に小社より発刊した『ニャンか、しあわせ』を文庫化したものです

ニャンか、しあわせ　今日をごきげんに過ごす禅の言葉

2018 年 4 月 30 日　初版

編　集　　リベラル社

発行者　　隅田　直樹

発行所　　株式会社 リベラル社
　　　　　〒460-0008　名古屋市中区栄 3-7-9　新鏡栄ビル 8F
　　　　　TEL 052-261-9101　FAX 052-261-9134　http://liberalsya.com

発　売　　株式会社 星雲社
　　　　　〒112-0005　東京都文京区水道 1-3-30
　　　　　TEL 03-3868-3275

印刷・製本　株式会社 チューエツ